Lágrimas de colores

Lágrimas de colores

Noni

Círculo Rojo
EDITORIAL

Primera edición: septiembre 2024

Depósito legal: AL 2248-2024

ISBN: 978-84-1082-453-9

Impresión y encuadernación: Editorial Círculo Rojo

© Del texto: Noni
© Maquetación y diseño: Equipo de Editorial Círculo Rojo

Editorial Círculo Rojo
www.editorialcirculorojo.com
info@editorialcirculorojo.com

Impreso en España — Printed in Spain

El papel utilizado para imprimir este libro es 100% libre de cloro y por tanto, **ecológico**.

MI DESPERTAR SOÑADO

Esta mañana Radiolé preguntaba:
«¿Dónde te gustaría despertar?».
Pues mi gran deseo sería
despertar cerca del mar
en un cuarto amueblado,
con muebles tono nácar,
en una cómoda cama
vestida de color marfil,
sin ventanas ni balcón,
pero sí una gran cristalera
para desde la cama ver el sol.
Con o sin compañía, en paz,
que solo rompa el silencio natural
el ir y venir de las olas nada más,
que a primera hora del día
sin pereza me pondré en pie
para contemplar el amanecer
y, al llegar el ocaso, ese atardecer
que dará paso a la noche
para enamorarme con su oscuridad
entre la belleza del cielo y el mar.
Así, sin más, me gustaría despertar
en un lugar así sin tenerlo que soñar.

QUIÉRETE TAL COMO ERES

No nació en aquel jardín
junto a una rosa simplona
un trébol de cuatro hojas
ni pintaba diferente
el color de sus pétalos,
se sentía una pobre flor más
con un aroma nada particular.
No sabía que la belleza
vivía en el pensamiento
y un día experimentó cambiar
su manera de pensarse
siendo igual, ya no era la misma,
parecía salida de un cuadro.
Podría ser musa de los poetas,
y entre mil fragancias sensuales
prefirió olerse a amor y vida,
ningún rayo de sol la intimidaba,
a ningún soplo de aire le temía.
Desde que inclinó su cuerpo,
clavó un pétalo en sus espinas
y vio el daño tan brutal
que ella misma se hacía
al no quererse como debía.

EL MAYOR DE MIS AMORES

Tiemblo cuando siento
que mi corazón se endurece
y digo o hago cosas
que te causan dolor,
hasta un mal pensamiento
me hace sentir fatal.
Arrepentida pido perdón
por mi incorregible debilidad
y tan segura de tenerlo
a las mismas vuelvo
sabiendo que no provoco
ni tu ira ni tu enojo
porque tu gran corazón
está hecho de amor;
aun así, temo perderte
cuando la que se pierde soy yo.
No pretendo ser santa
ni nunca dije que lo fuera;
solo quiero, Señor, contentarte
siendo una persona buena.
Tantas veces voy errando
porque anda suelto el demonio,
el muy avispado me tienta
y, cuando digo «no volveré»,
voy de vuelta a ello otra vez.
Si tuviera mil amores,
tú serías siempre el mayor.
No me avergüenzo al decir
que muero de amor por ti.

VIDA DE JUGUETE

Pobre osito de peluche,
tan sucio y tan viejo ahora,
pero todavía transmites ternura
como cuando aquel niño
te tenía entre sus manos
y te arropaba su cariño,
puro amor sin un corazón.
Pinta nostalgia
tu carita de resentido.
De seguro añoras días felices
como cuando eras el preferido,
hasta dormía solo contigo.
Cómo verte donde hoy estás,
del calor de un hogar
a la calle desahuciado.
Pero los años de juego pasaron,
ya no eres mimoso en brazos,
pero no por eso te botaron.
Pasó que el niño se hizo mayor
y te dejó en un rincón,
y la madre con su limpieza:
«Este oso viejo, a la mierda».

ANDALUCÍA MÍA

Que no, que no,
que donde
la vida me lleve no.
A mí quéééé
que en Galicia
se coma el mejor pescado,
que Barcelona no tenga paro,
que en Valencia
sean los días de pasarela
o que Madrid
sea pasaje a las estrellas.
Que no, que no,
a mí que la vida esta
del sur no me lleve,
que me deje en mi Andalucía,
aquí donde el sol calienta el corazón,
donde el aire cura las heridas,
aquí donde por suerte nací,
aquí es donde quiero morir.

OBLIGACIÓN O PLACER

Cuando dos se aman,
un lazo de seda los ata
del que ni queriendo te escapas.
Si la unión en pareja
no la sujeta el amor,
la que los ciñe juntos
es una soga o cadena
de la que escaparías si pudieras,
mentes fuera de la razón,
corazones hostigados sin más,
cosecha de la sombra en la que crecieron
o de la fe que les inculcaron,
conformados en…
Es lo que hay, es lo que nos tocó,
siendo sumisos al destino.
No cuestionan ser obligación o placer
estar en pareja con alguien
que a veces no sabes ni quién es.

MUJER = HOMBRE

Dime qué es lo que haces
que no pueda hacer yo,
hasta dónde llegas tú
que yo no pueda llegar.
Dios le dio al hombre fuerza
y a la mujer cabeza,
pero también el hombre piensa
y la mujer levanta pesas.
Si somos iguales ante Dios,
seamos también ante el mundo,
que al hombre y a la mujer
el tiempo los hizo avanzar
y la vida los pesará igual.
Ya compartimos estética, deporte,
ropas, trabajo y sueldo… a veces,
que aún falta que sea siempre
y se mire igual en todo
a la mujer que al hombre.

AMIGAS

Ellas son así,
no les gusta cumplir años
y todos para mí.
Qué lujazo de amigas,
siempre tan dispuestas.
El cariño gana a la pereza;
hacen kilómetros;
olvidan faenas,
cafés, dulces y risas;
se respira con ellas
una bonita amistad,
buena gente al mismo compás.
Gracias, amigas,
por regalarme vida.
El año que viene más,
porque ellas son así,
no les gusta cumplir años
y, hale, todos para mí.

LA MÚSICA Y YO

Bien podría decir
que mi madre fue una cantante
y mi padre un gran bailador
con estas ganas de baile
que siempre tienen mis pies
y de cante mi corazón.
En mi día a día,
que me falte el oro,
que me falte la plata,
pero la música
que no falte en mi alma.
En una plaza con orquesta
cualquiera me sujeta
y en un buen concierto
de emoción muero.
Habrá a quien le suene rara,
alguien quizás no me entienda,
pero la música en mi vida
es mi aliada perfecta.

SOÑÉ CON EL AMOR

Creí y creí en el amor
hasta dejarme el alma
porque mi corazón
garantizaba que existía.
Me hice fiel creyente suya,
siempre en defensa de él,
merecedora de poseerlo, sí,
pero él no se entregaba a mí.
Cuántos años luchando,
cuántos días me rendí.
Me niego a creer
que sea una fantasía
del género romántico.
Su falta dejó un vacío
que el desengaño llenó
y por un sueño roto
ahora dudo del amor.
Allá dondequiera que esté,
ahora que él me busque a mí,
porque ya de soñarlo me cansé.

EL PESO DEL TIEMPO

En la balanza del destino,
la desdicha se hacía sospesar
lamentos al tiempo perdido,
miradas hacia atrás
a un reloj que no marca ya.
Afligidos, pesa mucho el error
de perder vida por lágrimas
y no perder ganas de llorar.
Quejas en vano al cielo,
reproches para nada ya
culpando a los demás,
una vuelta tras otra hasta marear.
Lo perdido perdido está
y el tiempo y la vida,
una vez que se pierden,
ya no se pueden recuperar.
Del pasado al presente
no hay puente,
del presente al pasado
solo en tu mente.

NANA NANITA NANA

Hubo una niña
con la cabeza llena de fantasía
y el corazón lleno de sueños
que creyó que de mayor
encontraría un mundo a su gusto,
donde el amor sobraría
y el dolor sería pasajero,
el respeto sería ley
y la paz sería justicia.
Sonreía la niña,
siempre sonreía,
pero también lloraba a caudales
sin unos brazos de calma,
sin un beso de alivio,
porque la conciencia no veía el daño,
las voces rompían las miradas frías.
A la deriva vamos, pobre clan
de corazones buenos y almas reales.
Pero la niña sonreía, sonreía a la vida
como si fuera feliz; algún misterio tendría
esa sonrisa al dolor, seguro algún ser mágico
vivía en su roto corazón.

EN LA TRINCHERA DE LA TRISTEZA

Saco a la vida y al destino
mi honesta bandera blanca,
ya me cansé de luchar
para ganar amor y paz.
El fuerte de mis ganas se cae,
mi corazón guerrero sangra herido,
el refuerzo de mis sueños huye
y mi alma entrega las armas.
Toda una vida entre batallas
sin tregua de lágrimas
al frente, con la sonrisa de coraza,
sin buscar honores ni medallas.
Quería como amiga legal la vida
y al destino de compañero justo.
Mi linaje es una fortaleza,
mi fe en Dios un batallón,
pero el dolor anímico me venció.

DOLOROSA

Cómo pudiste
soportar tanto dolor.
Tan solo de pesarlo,
se me para el corazón.
Si yo viera a mi hijo
como lo viste TÚ,
moriría antes que él.
Ahí entendí por qué TÚ
no dudaste de Dios
ni lo negaste frente a la espada.
Ejemplar MADRE DOLOROSA,
tu fe te salvó
en el mayor de los dolores
y ante la ceguera del mundo
TÚ lo viste todo claro,
era el HIJO DE DIOS,
tu HIJO amado,
nuestro SALVADOR Y REY
JESÚS, el que moría crucificado.

LA CARA FEA DE LA VIDA

No se secan los ojos
de tanto llorar
ni revienta el corazón
por mucho sufrir,
el alma no duele
ni de amor se muere,
lo afirma la madre
que perdió a su hijo,
las almas gemelas
de un amor prohibido,
el enfermo crónico
postrado en una cama,
el que carga una cruz
demasiado pesada.
Le sobra tanto malo a la vida
y tanto bien le falta…
Pasada va de maldad,
motivo de mil tristezas,
y su gran déficit de amor
hace que la vida duela.

QUISIERA PODER

Intentar olvidar
aunque el olvido
sea un arma letal,
no alimentar más
un imaginado sueño
que no está escrito
en el firmamento,
dejar de ilusionar
a un corazón soñador
que planifica amor
en las ruinas de un ser.
Se resiste el olvido
allá donde hubo felicidad,
pero cuando el camino
se va estrechando,
se hace imposible caminar.

UNA MADRE

Me pasó tantas veces
que, estando frente a ella
sin que se diera cuenta
rebosante yo de admiración,
mis ojos se anegaban
y mi cabeza se preguntaba
de qué la hicieron a ella
que nadie puede igualarla,
ni pies cruzados,
ni mano sobre mano,
siempre una entrega constante
y, aunque no pueda tirar,
nunca para sus hijos
dice «estoy cansada ya».
Yo orgullosa me crecía
por ser hija de esa mujer,
un pétalo de esa rosa
con cuya mirada me decía
lo que era todo en su vida,
pero algo se hizo mal.
No debería una madre
faltarle a un hijo jamás.

ACOMODADOS

Igual que al descuido
la leche se va del cazo,
el amor se va del corazón,
y del cuerpo la pasión.
Nos distrae el glamur,
lo sexi, lo exótico,
la fama o el dinero,
y sin darnos cuenta
se nos va un «te quiero»,
una caricia, un beso…
Damos por ley de vida,
que la edad con el tiempo
acaba con el juego de la conquista
y con estas cositas del querer.
Aquí se murió un francés.

ANTIHISTAMÍNICO

Malestar generalizado,
no saber dónde duele,
lágrimas sin justificar,
estado de melancolía
que veta a la vida.
Cuál será el mal
que así ataca al ser
dando garrote a la sonrisa,
espantando a la alegría.
Será cosa del alma,
será cosa del corazón
o la razón se enfermó,
males que escapan
a los ojos de la ciencia,
convalecientes en el silencio,
a merced de la soledad,
aguantando pase el temporal,
enfermedad no tomada como tal
que solo el amor curará.

INFIEL

Cómo te fijas en mi sonrisa,
si la suya es más bonita.
Si en mis ojos ves una estrella,
en los suyos hay millones de ellas.
La cara de ella, un poema escrito
de amor y nobleza para ti,
y tú fuera de casa buscando letras.
No sientes amor por ninguna de las dos,
solo mantienes el tipo con el ego ligón
sin importar a quién rompas el corazón.

QUÉ MÁS

No me pidas abrazos,
pues mis brazos
quebraron en el desengaño
cuando abrazaron
fuertemente al amor
y sin amor se quedaron.
No me pidas besos,
que mis labios
están calcinados
cuando ardían de fuego
en el infierno se quemaron.
Qué más me vas a pedir,
si todo ya te lo di,
si hasta de mi corazón
te di su mejor latir.

MI CRIMINÓLOGO

En qué ley de vida
se ampara una madre
cuando su niño
se hace mayor.
Aquel día
lloré desconsolada,
dolió dejarte allí,
en una gran ciudad
bajo un techo extraño,
Dios santo, lejos de mí.
Qué angustia la mía,
qué haría yo sin ti.
Así, saltaste del nido
para volar a un sueño.
Tal vez se te hizo pesado
tener día tras día, años,
la cabeza saturada de letras
y codo con codo hincado;
pero mira hoy, tesoro mío,
lo que tú solito has logrado.

DOS PASIONES

Dos que comparten
su infinita grandeza,
su infinita belleza
también comparten color,
un azul dulce y bonito
que llama al amor.
Cielo y mar,
ellos poseen esa paz
que ahuyenta tormentos,
tienen poder curativo
para sanar males del alma,
dos que son pura magia
para los ojos y el corazón,
sedantes para el dolor.
Cuando el cielo se enoja,
descarga sus lágrimas
sobre el ancho mar
y, cuando el mar
anda bravo y enfurecido,
con un rayito de sol
el cielo aplaca su mal humor.

MI NORTE, EL SUR

No quiero vuelos
que de mi tierra
me saquen
ni quiero cruceros
por mares eternos,
que con una barquita
por el río Guadalquivir
vuela y navega
mi corazón tan feliz.
No es mi gran sueño
ver maravillas del mundo,
que ya en mi tierra
encantada vivo en ella.
Escogió el verde y blanco
para vestirse Andalucía
y yo la elijo a ella
para que vista mi alma
de luz y alegría.

AMOR ILESO

Demandaba
un roto corazón,
un fino sastre
que hiciera costuras
con hilos de amor.
Perdía vida,
perdía latidos,
perdía ilusión,
mas por su rotura
ni gota de sangre perdió,
pues su coraje castizo
le hizo tapón
y, aun con ese dolor,
a veces tan insoportable,
partido en dos,
siempre latía
en defensa del amor.

ASESINO

No, tú no puedes
llamarte hijo de Dios
cuando con esa sangre fría
acabas con su mejor creación.
Es impropio del ser humano
ensañarse así contra otro ser
y peor aún si es o fue tu mujer,
la madre de tus hijos.
Ni el mismísimo demonio
actúa así, maldita lacra sin fin,
y después de tantas y tantas,
la impotencia clama a la justicia.
Por favor, suban precio a una vida,
que estos asesinos paguen
pudriéndose en la cárcel,
asesinos que con ellas
a veces no tienen bastante
y se llevan hijos por delante.

SÍ QUE ERES BONITA

Ofende al cielo

quien diga de ti
que no eres bonita.
Si le prestara mis ojos
de amor, seguro moriría.
Tu belleza es natural,
te vistes de sol y de mar.
Te faltó un puntito andalú,
pero eres andaluza, del sur.
Tienes un paseo marítimo
con gastronomía de lujo,
helados del desierto
y un buen café del tiempo,
desde el cual dejas contemplar
atardeceres de magia pura
cuando entre cielo y mar
tú, Almería, te embrujas.

FRAUDE AL AMOR

Cuando el dinero
compra el corazón de una persona,
la ruina está garantizada.
Que no ponga precio a su alma,
porque esta sin corazón
ya no vale nada.
Luchar por dinero en la vida
es necesidad humana,
pero agonías de más y más
se hace una enfermedad
que no deja vivir ni da paz,
solo sufrimiento a los demás.
Mal lo tienes amor, amigo,
con aquel que ama tanto el dinero,
porque cuanto más tiene,
menos valora un «te quiero».

ALMA A LA DERIVA

Como el sol se oculta
en un atardecer,
así, poco apoco,
se ocultará mi alma.
Quién sabe
cuándo asomará
para brillar igual
como cuando el amor
la mostró en su esplendor.
Preguntará la luna por ella;
el sol y las estrellas,
las flores y el mar
también la extrañarán;
solo aquellos que la vieron
podrán decir
ser amados y amarla,
porque solo por amor
se deja ver el alma.

UN SEGUNDO DE VIDA

En un segundo
pasamos de la risa al llanto,
del llanto a la risa;
pasamos en un segundo
de la gloria al infierno
y del infierno a la gloria,
del amor al odio,
del odio al amor;
en un segundo pasamos
de la vida a la muerte,
mas de la muerte a la vida
ni en un segundo
ni en toda una eternidad.

NOCHE DE MAGIA

Al recordar, sonrío
yo, postrada en la ventana,
tan alegre e ilusionada
con mi pincho chamuscado
y el corazón enamorado.
Con la mirada al cielo,
casi susurrando
con milagrosa devoción
recitaba la frase ritual
en la noche de San Juan.
Aquellas ansias al despertar
a la espera del azar y su verdad,
¿me querrá el que quiero yo?
Sí, si el pincho florece;
no, si se quedó chicharrón.
Eran tiempos de más sabor
donde el fuego y el agua
hacían conjuros de amor;
ahora la magia se pierde
entre sexo y alcohol.

ILUSO

A dónde vas, corazón,
si los astros
se dieron la vuelta
y el trébol se marchitó.
Ni te creas eso
de que todo
lo puede el amor,
pues debieron ser letras
de algún fiel
romántico soñador.

UNA ESPINA DEL CORAZÓN

Si fuese posible,
mataría mi corazón
hasta morir con él
para que deje de exigir
amor de una vez.
Ni toda una vida
de desengaño le bastó,
ahí sigue mendigando
que le presten atención.
Espabila, despierta ya, iluso,
acaso no ves que el mundo
pasa de tu emblema.
Tú no eres rentable,
gana otro tipo de interés.
Eso sí, corazón, anhela un amor
único, leal; el amor de Dios.

ALMA IZADA

Iba a gatas mi valía
hasta que llegó un amor
de no sé dónde ni cómo
que bien alto puso mi valor,
hizo florecer mi ego
hasta crecer mi orgullo
y tanto elevó mi autoestima
que hasta ese amor después
me etiquetó de presumida;
y sí, mi humildad
bien coqueta presumía
al sentir un amor así
llenando de magia mi vida.

RAZONES PARA DUDAR

Si tanto amor sentías,
para qué la máscara.
No te sirvió para tapar
el engaño ni la picardía,
para jugar al amor
con un buen corazón.
Yo miraba de frente,
a cara descubierta.
Creí que te veía
entre tanta mentira.
Creí, una vez más creí,
pero tú no creas
que lo hiciste tan bien,
porque como tu amor
a cientos creí ver.
Permíteme que dude
que sepas querer.
Si juegas así, tú
qué vas a saber.

REGALO POR AMOR

Cuando alguien
te regale su corazón,
no dudes nunca de su amor.
Cuando sientas sus latidos
como el latir del tuyo,
bendice esa conexión
como un regalo de Dios.
Tal vez te ataque el miedo
como cuando tienes en brazos
a un bebé recién nacido;
algo tan delicado, tan valioso
da recelo acariciarlo
cuando ardes en deseos
de apretujarlo contra ti
tan fuerte que nadie
pueda quitártelo.
Nadie regala su corazón,
nadie si no es por amor.

REINA MORA

Se necesitaría sedar
el corazón y el alma
para no volverse loco
por las calles de Granada.

Se pierde la noción
en su paseo de Los Tristes,
sientes que la vida se para
allí mirando la Alhambra.

No se resisten los ojos
a tanta belleza de lugar,
delito es bajar la mirada
al encanto de esta ciudad.

Con ese duende flamenco
morando por sus calles,
al son de unas palmas,
una guitarra y un cante.

Granada, reina mora,
por tus raíces te nombren.
Dónde estará el que te mire
y que de ti no se enamore.

ABUELO DE JAÉN

Hay una inquietud
dentro de mi corazón
por esas ganas de conocer
a ese divino Señor.
No sé qué me llama de ÉL,
si son sus ojos de misericordia
o su rostro de compasión,
pero desde que vi su imagen
quiero ofrecer a sus pies
este amor con devoción.
Su historia tan increíble
es luz que ilumina la fe,
de la cual nunca dudé.
No dejes de llamarme
porque algún día iré
a conocerte, abuelo, a Jaén.

DA VIDA A LA VIDA

El amor no nació
de una carita de merengue
ni de un cuerpo Coca-Cola,
tampoco nació el amor
de una chequera.
El amor nace y nace
sin saber por qué,
ni dónde ni cómo,
pero seguro nace
de un lugar bien hondo
para salir después
por los poros de la piel
con la fuerza de un volcán
para colarse sin entrada
por los ojos del alma,
haciéndose ver sin talle,
haciéndose sentir sin palpar.
El amor es…
el movimiento de la vida
sin el cual el humano es…
es un simple vegetal.

PÁLPITO

Antes de una mirada
sonó una canción,
antes de un beso
el corazón se estremeció.
No hicieron falta palabras
ni pruebas de amor,
ya que en unir dos almas
el destino se empeñó,
y ni un mar entre ellas
apagaría la pasión,
y de dos mundos diferentes
el hado hizo uno para los dos.
Se besaban, se abrazaban,
hacían el amor en la distancia
con una sed insaciable
que cada día pedía más,
mientras un pálpito en el alma
al destino le hacía suspirar.

CON VISTAS AL CIELO

Una casa tan pequeñita
que parecía de muñecas,
pero muy acogedora.
A falta de terraza o balcón,
tenía una ventana mágica
donde se paraba el tiempo.
Cuando ella, allí asomada,
mirando al cielo de día,
mirando al cielo de noche,
empezaba a soñar,
a veces mil pensamientos
desfilaban por su cabeza;
otras veces a uno solo
le daba cien vueltas.
Ya se le hizo necesidad
abrir la ventana y respirar
cuando dentro se ahogaba.
Había tiempos de tristeza
que al cielo lloraba
y, cuando eran alegres,
al cielo también sonreía.
En aquella ventana
hasta el alma se desnudaba
frente a estrellas y luceros,
frente a la luna y el sol,
frente al Rey de los cielos,
frente a Dios.

EN UN MAR DE SUEÑOS

Navegar y navegar
hasta que el mar se seque
junto a esa persona
que nos mantiene a flote,
izar la bandera del amor
y poner el corazón al timón
con la pasión rumbo a la deriva
mientras lentamente el deseo
va surcando los labios,
cortando la respiración
en un sunami de besos mojados,
y… al vaivén.
De dos cuerpos entrelazados,
el canto de una sirena
escoltando a los enamorados
por un mar de sueños
navegando, navegando.

26-8-2015

No es que…
en la fecha de tu partida
se abra mi herida,
es que la herida de perderte
nunca se cerró ni se cerrará,
porque una madre
sea como sea
es una pérdida irreparable,
esa mujer que con su amor
intenta curar nuestros males,
de tantas veces que no la dejamos;
pero cuando ya no está,
enfermos por siempre quedamos.
Que te tenías que ir
y que te fuiste,
la fe contuvo mi cólera
para no increpar al cielo
por no dejarte conmigo,
pues así Dios lo había decidido,
y de esta fecha macabra
quedó una grieta en mi corazón
por donde cada año
supura mi dolor.

PREMIO AL COBARDE

Cuando sientan el amor,
pero no un amor cualquiera
por un cuerpo o por una cara,
sino un amor especial
por un corazón o por un alma,
no lo castiguen a lo fácil
ni lo encierren bajo candado
como si fuera pecado,
porque con el tiempo
ese sentimiento gratificante
te hará odiarte por cobarde.
Del amor en suertes
son bien pocos los agraciados,
no le llores si te toca
como un desdichado,
sonríele a la fortuna
de poseer un amor
sin cobros ni pagos
con tantos interesados.

DEPRE

Debe ser por el miedo
este sudor de mis manos,
que me da la sensación
que escapan de las tuyas.
Grítame que me sujetas
y que no me dejarás caer.
Sí, será este miedo
que me hace sentir
cada vez más cerca del suelo,
me ataca el vértigo,
asoma la desesperación,
me agobia la desestabilidad
la física y la mental,
porque miro mis manos
y no tengo nada,
pero miro mi corazón
y te veo ahí a TI;
entonces creo…
que tengo demasiado.
Refuerza mi fe, Señor,
para que no me tumben
la tristeza y el dolor.

LUNA DE SAL

Cuando sueñas a lo grande,
la realidad se queda pequeña.
Cómo un sueño cotidiano
se vuelve tan insólito
hasta sentirse pesadilla,
como un café amargo
o la acidez del limón.
Se saborea el contacto
del desengaño y el amor.
Si la llaman *luna de miel*,
bien dulce debe de ser.
Cómo puede llevar la maleta
un neceser de amargura
cuando el amor viaja a la luna.
Suena increíble, ¿verdad?
Pues vivirlo es todavía más,
un día casada feliz y enamorada,
y dos días después
despiertas desilusionada.

EL CHISME

Tras la puerta cerrada
de lo que pasa dentro,
qué sabe nadie de nada,
sin testigos morales
la verdad es cuestionada.
Sin ver ni oír ni mu,
el cuento pasa al invento
por darle a la sinhueso,
igual da si a uno lo ensalzo
o si a otro lo entierro.
Qué sabrá nadie, qué sabrá
tras puertas cerradas
si dentro está la gloria
o dentro está el infierno,
y quién necesita la verdad
si el juicio depende
de quien nos caiga bien
o de quien nos caiga mal.

MÚSICA Y ALGO MÁS

No sigo a Maluma
a Carlos Rivera,
a Chayanne
ni a Enrique Iglesias,
que cantan de rechupete
y encima de eso tienen
un cuerpo de muerte.
Sigo de oídas a algo más,
un no sé qué especial,
que sin mover los pies
siento mi alma estremecer.
Me gana esa voz que…
es caricia en mi piel
y beso en mi corazón,
un timbre tan mágico
que me hace sentir feliz
mientras suena una canción.

NO DESPIERTES SIN MÍ

Entró a un sueño
con pies de terciopelo,
tomó su alma
y entre algodones
prometió cuidarla,
la vistió de rojo satén
solo para sus ojos,
no la hizo cautiva,
el amor la hizo suya.
Temía que el ruido
no la dejara soñar,
que despertara un día
y no la tuviera más;
así, súbdito del silencio,
le hablaba con el alma,
con el corazón la besaba,
y de tanto como la quería
celaba su sueño con su vida.

IGUAL CON DIFERENCIA

Desde luego, amigos,
que no hay quien entienda
al cuerpo humano,
los disgustos a unos
le quitan el sueño
y a otros dejan roncando.
Si el COVID ataca,
unos ni estornudan
y otros estiran la pata.
Hay quien se hincha a dulces
y está como un fideo,
pero a otro que ni los prueba
los michelines se le pegan,
y a la vista está
ese que se pone fino
de alcohol y sustancias,
y parece una manzana,
y uno que va de sano
por saludable la palma.
Así pues, amigos,
no hay que generalizar
porque ni siendo
de la misma madre
nunca seremos iguales.

INSPIRACIÓN

Entre las dunas del desierto,
bajo las olas del mar,
tal vez la cautivó la luna
o el sol la robó sin más.
Quién sabe a dónde fue
la musa de aquel poeta
que ya para escribir de amor
tanto y tanto le cuesta.
Dicen que el alma pura
de una tímida mujer
corría dulce por sus venas
y en el remanso de su corazón
inspiraba a todos sus poemas.
Sentado mirando el papel
le temblaban las manos,
un mundo le costaba escribir
al sentir su sangre fría
porque el alma de su amada
en su cuerpo ya no vivía.

PROYECTO PARA AMAR

Acomoda bien tus labios,
fíjalos sobre los míos,
porque el beso será eterno.
Arrima tu cuerpo al mío,
que el aire quede comprimido,
tanto que ni los vientos
que vengan huracanados
puedan separarlos.
Se asfixiará la desconfianza
en abrazos sinceros
y en manos llenas de amor
se darán riquezas de corazón.
Será un toma sin dame,
una entrega total
la que tatuará en el alma
un «te amaré» hasta la eternidad.

4 DE OCTUBRE, SAN FRANCISCO

Yo tenía un Francisco
al que bien joven perdí.
Era todo un caballero,
guapo y un figurín.
Vivió en años de necesidad,
pero nunca huyó de trabajar
y tempranito la vida lo enseñó
a ganarse honesto el pan.
Mi Frasqui era todo corazón,
amaba tanto a España
que de guardia civil la sirvió.
Madrid fue su capricho y destino,
estaba como pez en el agua.
Él, que decía vivir tanto y tanto,
no se dio ni cuenta
de que vivir tanto
lo estaba matando.
Sí, yo tenía un Francisco
que, con cariño, Ñoñi me decía.
Es mi hermano querido,
al que hoy venero en su día.

SE SECAN LOS CORAZONES

Que la magia del cielo
termine en la tierra
con el falso «te quiero»,
que arda con el sol
cada segundo de dolor,
que se lleve la luna
el beso de la pasión oscura
y el brillo de las estrellas
guíe a la fe sincera,
que la magia del cielo
sacie la sed del mundo
que mande un diluvio de paz
entre truenos de bondad
y rayos de empatía,
que se inunden los corazones
con la bendita agua del Señor
y se acabe en la tierra
esta escasez de amor
que seca al corazón.

AY, AY, HAY...

Hay quien…
hasta durmiendo sonríe,
quien…
hasta llorando ama,
hay quien…
hasta muriendo vive,
quien…
hasta hundido salva,
hay quien…
angustiado calma,
quien…
desengañado camela,
y hay más dudas
que respuestas
cuando el corazón abre
y la razón lo cierra.

LANCE

Quedará…
un amor por profanar
en algún sueño malogrado
que a corazón latiente
hubo de ser enterrado,
mas no habrá cura
para el alma doliente
ni amor que la sane,
pues si vida hay solo una,
amor que toca el alma,
uno solo como la luna.

EL AROMA DE LA VIDA

El verano huele
a mar y playa;
el otoño,
a granadas y castañas;
huele la primavera
a flores y amoríos,
y el invierno,
a lumbres y abrigo.
La vida tiene mil colores,
tiene mil sabores,
pero su aroma eres tú.
Ella huele a gloria
con la esencia del alma
de la especie humana.

ÉL ES OTRA HISTORIA

La piel de gallina,
los dientes tintinean,
acartonados los músculos,
el torso gélido de puro miedo;
pero mírenlo a él,
va por libre el corazón
con el tema del amor,
ni el pensar mal lo enfría,
ni le hiela la sangre
la mala actitud;
mas
siendo hora de desengaño.
Él, erre que erre,
arde en el fuego del encanto
y, mientras el cuerpo se acciona,
el corazón es otra historia.

SOÑÉ SER DIOSA

Y por soñar soñé
que era dueña del amor
y al mundo se lo doné,
me vi tan poderosa
vistiendo a la vida
de color de rosa.
Y por soñar soñé
que entre mis manos
tenía la dichosa felicidad
y al mundo la otorgaba.
Diosa me volví a sentir
haciendo un mundo feliz.
Y por soñar soñé
tener la muerte a mi merced,
podía y la hice desaparecer
haciendo del ser mortal
a vivir una eternidad.
Ay, ay, si diosa fuera
la mujer que sueña.

SUBIDA DEL MÁRMOL

Se rompe el silencio,
rugen las montañas al eco,
los pájaros despavoridos
alzan el vuelo al estruendo,
sube vertiginosa la adrenalina
al escuchar los coches
que conquistan la villa,
al paso de las sirenas
la gente sale despavorida.
Algunos corren en pijama
para verlos pasar en ristra,
coches tuneados petando
que hacen erizar la piel,
al volante va el ahínco
de copiloto la pasión.
Todos son campeones,
mas que gane el mejor.
Una multitud repartida
en cada curva al derrape
y arriba en meta
late el corazón de la carrera.
Así, tras honrar a su patrona,
la ciudad del oro blanco
presume de su gran *rally*
con la subida del mármol.

EL QUE TODO LO PUEDE

Si el amor
no quita el mal humor,
quién lo quitará si no.
Si una caricia tierna
no aplaca la ira,
si un dulce beso
no suaviza la boca,
si la mirada enamorada
no cura las llagas,
si la palabra «te quiero»
no sofoca el infierno,
no habrá nada
en este mundo
que dé paz al corazón
si el que todo lo puede
no sale vencedor.

POETA DE LA NADA

Dicen que…
para escribir poemas
hace falta tener
una buena cabeza,
pero a este dicho
se ofenden las letras,
pues con la justa inteligencia
y un mínimo de amor
hace poemas el corazón.
Ponles pasión a las letras
y saldrán como estrellas,
una rima por aquí,
otra rima por allá,
y sin ser letrado
se hace un poemario.

QUE VIENEN LOS REYES

Macael se prepara
para recibir con orgullo
a los reyes de España,
qué gran honor y lujazo
ver pisar el bulevar
a nuestros reyes tan guapos.
Dice el tiempo
que mañana lloverá;
pues Dios no lo permita
y nos deje aplaudir
a don Felipe y doña Leticia.
Salgamos todos al Vaticano
con un cariño sincero
para sus corazones de recuerdo,
que a su paso por Macael
seguro se llevarán un mortero.

HEREDERO DE MIS SUEÑOS

Quiero que la vida te pague
todo lo bueno que me debe,
que no haya sonrisas
ni sueños en deuda.
Cóbrale cada baile,
cada segundo de gloria
que no dispuso en mí,
que no quede ventura
al pendiente en el azar.
Cóbrale todos los viajes
que a mis alas le canceló
y que sean tantos
que nunca pares de volar.
Que la vida amortice
en ti, hijo mío,
todo lo bueno que me debe
y mucho mucho más
para que en tu existencia
se haga tanta felicidad
que no te quede
nada por soñar.

ALUCINO

La veía crecer
y me maravillaba,
vaya planta más rara.
Dicen eres alucinógena;
yo dudaba de que lo fueras
hasta que vi tu flor
y aluciné con su belleza.
Naciste libre,
sola de tu especie,
sin tierra fértil,
sin más cuidado
que golpes de sol
y gotas de lluvia.
No te ajes
si al pasar no te miran,
que son los ciegos
que no ven
lo bonito de la vida.

ESPECIAL

Eran rayos de sol
que ardían,
luna creciente
hacia la plenitud,
eran destello
de una estrella fugaz,
el brillo de un lucero,
la magia del beso eterno,
eran aurora, eran ocaso,
eran únicos en el espacio.
Ahora son el suspiro
de lo que fueron
y el lamento de lo que son.

EGOSISTEMA

Hemos hecho un mundo
tan sumamente interesado
que todo nos lo hacemos
a nuestro egoísta tamaño:
la fe, el amor…
Hasta la propia ley de vida
a nuestra justa medida.
Así, vestidos de igual a igual,
no vemos fallo alguno,
pero al que viste diferente
lo catalogamos como demente.

¿QUIÉN?

Fue culpable el sol
o fue la luna,
o tal vez las estrellas,
que proyectan amor
en la noche oscura.
Fue responsable la música,
fueron los poemas
o tal vez fueron las flores,
que incitan al amor
en primavera.
Fue el destino el infractor
o fue la Providencia,
fue tal vez el infierno
que hace arder los cuerpos,
pero ni tú ni yo
fuimos culpables de querernos.

EL QUE SUBE NO BAJA

Preguntó el delfín a la gaviota:
«Dime tú, que eres de altos vuelos,
cómo viajo desde el mar hasta el cielo».
La gaviota frenó su vuelo
y posándose junto a él
le dijo así:
«Amigo mío delfín,
desde el mar hasta el cielo
no se llega con unas alas,
ni con un avión,
ni con un velero.
Para subir ahí arriba,
se sube con un corazón sincero
lleno de buenos sentimientos;
por eso algunos no pueden llegar,
otros quedan a la mitad
y aquellos que llegaron
no bajaron para contarlo».

POST NAVIDEÑO

Subiré mis deseos
a las redes sociales,
que estamos en Navidad
y los Reyes Magos de hoy
tienen Facebook e Instagram.
Salud le pido
al eterno Papá Noel
para que al paso del tiempo
me quede como él.
Dinero les ruego
a los Reyes Magos de Oriente,
que carguen bien sus camellos
para esta hipoteca atosigante
y de paso también les pido
para un pisito en el Zapillo.
Amor le imploro
a ese niño sagrado
que por nacer glorioso
en un establo fue adorado,
cargadito de amor vendrá
y a todo aquel que lo desee
su corazón de amor le llenará.

PRIMER DOMINGO DE ADVIENTO

Hay algo más dulce
que los polvorones de Navidad
y es la cara de ese Niño
que nació en un portal.
Tres Reyes lo fueron a adorar
y al mirarlo vieron todos
que no era un niño normal,
pues en sus ojos tenía
una luz celestial.
En aquel frío establo
calentaban al Niño
un buey y una mula,
y una estrella de Belén
guiaba en la noche oscura
a unos alegres pastores
que corrían a conocerle.
Todo aquel que llegaba
a sus pies se arrodillaba:
así María le dijo a José:
«Tal como predijo el ángel Gabriel,
nuestro hijo un Rey es,
Rey de los hombres,
pues Dios está con ÉL.
Nuestro niño Jesús
es Jesús de Nazaret».

VIVIRÉ

Cuando mis huesos
sean cenizas
y en mi boca
muera la sonrisa, viviré.
Cuando mi corazón
finiquite el latir
y mi alma
viaje al Edén, viviré.
No seré visible a los ojos
ni a las manos palpable,
pero viviré eternamente
en el corazón que quiera
con amor recordarme.

EL PRECIO DE UN SUEÑO

Hay sueños
que cuestan dinero,
otros que cuestan sudor,
algunos cuestan lágrimas
y otros cuestan el corazón,
porque si sueñas con el amor
y este se hace realidad,
con el corazón hay que pagar.

PAZ EN GUERRA

Cómo mantener paz
cuando la vida
te declara la guerra,
cuando te saca de Guatemala
y te mete en Guatepeor,
te hace volar un problema
y te aterrizan dos.
La espada ni mirarla,
esquivas al combate
a las disputas,
a malas caras,
pero el pesar te exige
ejercer de villana
para defender al corazón
que de golpes se cansa,
y por más paz que quieras,
al final te incitan a la batalla.

ALIANZA ASTRAL

Solo tienes
que mirar a la luna,
poner el corazón
en modo amor
para conectar latidos
con la persona esperada.
Igual está como tú
en ese preciso momento
mirando al cielo
con su corazón al unísono,
luna romántica consentida.
Tú, la mediadora astral
de imposibles y distancias,
vas enlazando suspiros
de aquellos soñadores
que a merced de la ilusión
te imploran alianza.

AMAR SIN TOCAR

Quién dice
que para ser amado
hace falta besar los labios,
magrear la piel
o tener orgasmos,
tal vez lo digan esos
que buscan el amor
en el erotismo,
que no saben amar
sin copular,
pero y esa forma de amar
que juran no es terrenal
en la que el corazón acaricia,
los ojos besan,
el pensamiento excita
y el alma llega al clímax.
Amor de otra galaxia
pletórico de magia y tan
viable en la distancia.

LA UVA DEL DESEO

Un año más que se acaba
con las doce campanadas
y, como siempre digo,
dejad de los doce granos
al más gordo el último.
Cerrad los ojos, pedid un deseo,
venga, vamos todos a uno,
que esta maldita guerra
que nos lleva de cabeza
se vaya con el año
que esta noche nos deja.
Vuela el dinero,
nos vuela la cabeza,
y el corazón, que es de volar,
dice «cuerpo a tierra».
Paz y felicidad,
amor con o sin dinero,
salud siempre quiero
y con la uva del deseo
os digo «feliz año nuevo».

PRESUNTAMENTE POETA

Hubo alguien
al que sin más
le llamaron *poeta*
porque de su vida
sacaba poemas.
Cuando andaba triste,
no rehuía de las letras
y, cuando se hallaba feliz,
con alegría letras mil
de lenguaje afable
y testa quimérica.
Le inspiraba a veces
la ilusión de sus sueños,
otras sus sobradas caídas,
pero hasta de su peor día
siempre extraía letras
para hacer una poesía.

HERENCIA SIN VALORES

Milagroso es estar vivo
en esta vida tan enferma
como milagroso don
el amor y la lealtad
hoy día en la pareja,
porque para el amor
también está la cosa fea.
Se pierden la esencia,
la galantería, el romanticismo.
La afección en la humanidad
va cayendo al abismo,
y sin hacer cuentas
vivimos como locos
sin pensar en lo que dejamos
a los que vienen heredando.

PENURIAS DE AMOR

El corazón
es un nacimiento
de amor inagotable.
A unos les emana
escaso para querer,
a otros caudaloso
para amar.
Esta aridez mundial
de padres sedientos,
hijos con sed,
hombres y mujeres
tras una presa;
con gran sequía
aguardan que el amor
inunde su corazón.

HABÍA UNA VEZ UN PRÍNCIPE...

Blanco inmaculado
sin pecado original
a la comunión de rosa
y de nupcias, casado
sin blanca novia
y sin altar.
El negro le destiñó
por una mala mujer
que con amor le decía
de negro «qué bien te ves».
Ahora va de malote
con pendientes y tatuado,
con la lujuria en sus ojos
y el libertinaje en sus labios,
con un corazón helado
y fuego en sus manos.
Ya pasó de ser
aquel príncipe amartelado.

INVASIÓN VÍRICA

Yo no sé si es COVID
o es un buen gripazo,
pero esto dura ya
más que un embarazo.
Vino para Nochebuena,
pero también se quedó la Vieja.
Digo «bueno, para Reyes se irá»;
qué va, aquí está,
ni ademán de marchar,
y además me torea,
hace como que se fue,
de nuevo aparece y vuelta a toser,
un estornudo y diez detrás.
Suena nariz con pimienta,
garganta con pimentón,
y mi cuerpo tan reventado
como si le hubiera pasado
por encima un camión.
Con tanto virus raro,
válgame, Dios, Señor,
nos quedamos sin paracetamol.

AMOR ES AMOR

Qué clase de amor será
ese paralelo al corazón
en el que no anida
una caricia furtiva,
un beso sin premeditar,
un abrazo sin pensar,
una mágica mirada
o un «te quiero» sin más.
Qué amor será
ese que con fe rompe
y con perdón no arregla,
debe ser cariño de cabeza
o querer de entrepierna;
pero no, no puede ser
un amor de corazón
ni tampoco de alma
un amor que al amor daña.

EL SUPERDOTADO

Que el corazón no se equivoca,
eso dicen los poetas,
pero puede llegar a errar
tanto o más que la cabeza;
y aun siendo todo amor,
sin querer queriendo
a veces no acierta,
o acaso no es un desatino
mirar a quien no se debe,
sentir a quien no se tiene
o amar a quien no se puede,
pues el corazón es mundano
aunque actúe de espiritual
y, cuando este se disloca,
no hay como taparle la boca.

SEXO DÉBIL DE CORAZÓN

Cuando una mujer
se siente vacía
es porque de seguro anda
con el corazón roto
o el alma partida,
ya que Dios aumentó en ella
la dosis de sensibilidad
afectándole el doble
sin querer más.
Así, cuando de sus ojos
brotan las lágrimas,
no son por debilidad,
es porque su corazón
ya no puede más
y al dolor con el llanto
lo consigue apaciguar.

ESENCIA ÚNICA

Perfumada va la piel
de las dulces caricias,
de los besos fervientes,
y sus poros ahitados
del deleite van perfumados,
perfumado va el corazón
oliendo a la felicidad
y sus latidos clamorosos
en pos del verbo *amar*,
perfumado va el sentido
del fiel «te quiero»
y las manos perfumadas
de la esencia del alma,
va el cuerpo entero embalsamado
del amor que consagró sin reparo.

SAN VALENTÍN

Andaba el amor
sin santo en el santoral,
hasta que salió un tal Valentín
que lo quiso representar,
un chico con cara angelical,
pues dice ser un ángel,
y por sus alas blancas
nadie debería dudar.
Su pelo tieso a lo punki
de sus travesuras es señal,
en paños menores trajina
porque invisible es a la vida,
con un arco en sus manos
noche y día, siempre presto,
cargado con flechas de amor
para disparar al corazón;
mas veo que le faltan gafas,
juraría que el ojo le falla,
pues si le chuta a uno,
que haga bien la gracia
y complete la naranja.
El dulce de San Valentín
en dulce se hace sentir
y el catorce de febrero
hace caja el pastelero.

ANDALUZA POR SUERTE

Tuve la suerte de nacer
al sur de mi España,
en una tierra encantada
donde el sol es de oro,
el mar de cristal
y la luna de plata.

Tengo la suerte de vivir
al sur de mi España,
donde el alma suena
en las cuerdas de una guitarra,
donde el corazón se oye
en el son de unas palmas.

Tendré suerte si muero
al sur de mi España,
en brazos de Andalucía,
arropada por la verde y blanca.
Tendré suerte si muero
en esta tierra que tanto quiero.

ESPIRITISMO MUSICAL

Cuando se oye la música con el corazón,
se corre el riesgo de ser poseído
por las letras de una canción;
así pues, podría pasar que…
te sientas *Estúpido* con Lolita,
con Fran Ocaña *La flor más bonita*,
Culpable con David Bisbal,
o con Sergio Contreras *La reina del local*.
Te sientas *Valiente* con Pimpinela,
A un paso de la luna con Ana Mena,
Rayando el sol con Maná
o *Torero* con Chayanne.
Yo con Carlos Rivera *Me muero*,
con Dvicio los *Cinco sentidos* pierdo,
me siento con Galván Real *Azahara*
y con India Martínez *La gitana*.
Me equivocaré con Antonio José,
con María Artés *Voló mi alma*,
pido *Ayúdame, Dios mío* con Tamara
y con Manuel Carrasco
soy *Mujer de las mil batallas*.
Siento miedo con Decai,
Siento frío con María Parrado,
Fiebre siento con Ricky Martin
y *Cobarde* soy con Bustamante.
Bienvenido al club de los soñadores
canta mi tocayo Antoñito Molina
y con esta no me siento poseída,
pues soñando ando noche y día.

CORAZÓN VACÍO

Sin amor…
la cabeza piensa,
los pies caminan sin amor,
sin amor…
las manos se mueven,
pero sin amor un corazón,
¡¡qué puede hacer este sin amor!!
Un triste latir sin más,
un palpitar sin paz,
pues será ritmo de maldad
y, cuando muera solitario,
nadie lo recordará.
Un corazón sin amor
no puede quererse él
ni amar a los demás.

MARZO CON M DE MUJER

Para mí ser mujer
no es saber planchar,
fregar o cocinar,
porque eso un hombre
también lo sabe barajar.
Ser mujer es tener
un par de ovarios
para tirar de la casa,
familia y trabajo.
No es la mujer un robot
ni por tener matriz y parir
una máquina de reproducción.
Ella es la portadora de vida
porque Dios le puso el don
de tener en su vientre
un milagro de amor.
Pido un respeto a la mujer,
pido el valor de lo que es,
todas son princesas de casta
sean ejecutivas o amas de casa.
Felicidades a todas esas hadas,
mujeres sin varita mágica
que, cuando la vida se pone fea,
ellas con una sonrisa
hacen que parezca guapa.

LA JUICIOSA

Qué gran misterio
que, aun durmiendo,
se mantiene despierta
y al corazón desvela.
En sueños…
excita a los sentimientos,
a unos los lleva a un inmenso placer
y a otros a un angustioso sufrimiento,
y tan real se sueña
como la vida se vive.
Misteriosa cabeza,
dueña del cuerpo entero,
que, cuando ella se pierde,
ya ni placer ni sufrimiento.

ESA VENILLA

Desde bien pequeña
jugaba con las letras,
hacía de alumna,
también hacía de maestra,
escribía y borraba,
yo respondía y yo preguntaba.
Así pasaba las horas,
venga a sacar punta al lápiz,
y la goma cuadrada
redonda la dejaba.
Pasaban los años
y la venilla se hizo variz,
cedí mi corazón al amor
y mi alma se volvió poeta.
Así pues, no me quedó otra
que escribir poemas.

PRIMAVERA PARA QUIEN LA QUIERA

Ya estamos de primavera
con el achús dichoso,
con la gota en la nariz
y con el picor en los ojos.
De entre el triste otoño,
el temido frío invierno
y el sofocante verano,
presume de ser ella
la más bonita del año.
Llegó la placentera estación,
crecida de luz y color,
que con sus golpes de sol
pone calentito al corazón.
Bien podría la primavera
traer consigo a la lluvia,
que del mapa del tiempo
esta se dio a la fuga.

DOLOROSA SOMONTINERA

Con cuánto amor tallarían
esa cara tan divina,
pues no hay Virgen fea,
pero tan guapa como ella
permítanme que no lo crea.
En su nombre va dicho
lo que su rostro confirma,
pues aun siendo quien era,
le hicieron vivir lo inhumano
cuando siendo su hijo inocente
los malvados con él se ensañaron.
Lleva una historia de fe
escondida bajo su manto,
pues dicen que su imagen
de las llamas la libraron,
y al trance tan sanguinario
va en su pecho la espada
sobre su corazón atravesada.
Pero tú, Virgencita,
ya no tengas miedo,
que te protegen los somontineros,
y a su Virgen de los Dolores,
que nadie le toque ni un pelo.

SABOR ADICTIVO

Parecían seda sus labios
cuando rozaban los míos,
sus besos de azúcar
ponían en almíbar
a mis sentidos.
En sus grandes ojos,
fuegos artificiales
que seducían con la mirada,
inundada de tanta dulzura
no pudo más mi alma
que degustar el sabor del amor,
pues, de tantos sabores
que tiene la vida,
a este es adicto el corazón.

PERDÓN Y GRATITUD

No, Padre mío,
no voy a comparar
mi dolor y mis heridas
con las tuyas,
sé que tu sufrimiento
nadie más podría soportarlo,
ni habría quien pudiera
cargar esa cruz tan pesada.
Perdón, Señor mío, perdón
por quejarme ante ti,
pero a quién si no.
Yo también como tú
cargo mi cruz,
aunque yo la merezco,
a veces me faltan las fuerzas
y caigo también rota de dolor.
De haber estado junto a ti,
igual ni te hubiese ayudado;
en cambio, tú a mí
Gracias por no negarme tu mano.

AL ÚLTIMO SUSPIRO

Tal vez el silencio
rompa fuera de tiempo
cuando el sol del día
ya no salga más,
cuando en las noches
no salga la luna
aun siendo todo oscuridad,
y sin finiquitar el amor
ya todo se acabará.
No habrá bailes,
ni risas ni sueños,
no habrá letras
que prometan por el alma
ni latidos que juren
por un corazón enamorado.
Tal vez en ese viaje sin retorno
entonces llegue la paz,
cuando gritar dará igual
y al último suspiro
espire el perdón como despido.

BAJO LA PIEL

A veces pienso que cada persona
son dos en un mismo cuerpo,
no la de mentira y la de verdad,
sino una que sale a la luz
y otra que se queda en la oscuridad.
Sin ir más lejos, hablo de mí,
que hasta por dos nombres me hago llamar:
Antonia es la oficial,
la que nunca llora,
la que siempre baila,
la que sabe volar;
mas Noni, quién sabe de Noni;
parece ser Antonia, pero no lo es
Noni es… muy suya.
Si llora, ella es su pañuelo;
si cae, sola se levanta;
para su dolor, es puro aguante,
y de sus miedos, su fe es vigilante,
y en temas de amor, secreto de confesión
entre ella y su corazón.

SEVILLA Y ABRIL

Hay un lugar y una fecha
donde los lunares bailan
y los volantes vuelan,
donde una simple guitarra
y unas palmas flamencas
son el quite a las penas.
Farolillos de colores,
caballos engalanados,
que en su montura pasean
el arte y la belleza
de sevillanos vestidos de feria.
Ya no huelen sus calles a azahar,
ahora huelen a pescaíto frito
y a manzanilla, su vino típico.
Casetas que revientan de alegría
entre sevillanas y bulerías,
vibra de pasión el puente de Triana.
Qué contenta está la Maestranza,
pues por feria los toros ya no faltan.

DESPUÉS DE ESTA

Me pregunto si en ese lugar
donde las almas viven felices
existirán el sol, la lluvia, la luna…
Si habrá flores, pájaros, si habrá mar.
Cómo será ese lugar de especial
que dicen no hay celos ni maldad,
ni hay dolor, ni llanto, que solo hay paz.
Seguro que de amor nadie muere allí,
porque solo las almas gemelas
se unen para ser pareja.
Allí no llegan los recuerdos
ni lo alcanza el corazón,
solo llega el alma que es de Dios.
Siento miedo al pensar,
pero también voy con seguridad,
pues ¡qué sabe nadie
si en ese paradisíaco lugar
donde dicen todo es felicidad
la vida vuelve a empezar!

MÍNIMO CIEN PRIMAVERAS

Y qué importa
si me fallan las cuentas
de la edad con que te fuiste
o de los años que no estás;
y qué más da
si mis ojos te verán igual,
tan hermosa y fresca
como rosa en primavera;
y si corta fuese tu ausencia,
para mi corazón sería eterna.
Después de haberte tenido,
apenas te siento más allá
del dolor de no tenerte.
Deberían todas las madres
cumplir cien años bien llevados;
así, al marcharse de este mundo,
quedarían los hijos más conformados.

JIMENA

Quedó encantado mi corazón
entre los rizos dorados
que a su cabecita engalanaban
y tan preciosa es ella
que me conquistó el alma
con tan solo mirarla.
En su blanquita piel
resplandece la nobleza
y por sus ojitos tiernos
solo me nace quererla.
A sus dos añitos de hoy
es superdiscreta,
hasta en inglés
me cuenta y me platica.
Jimena le pusieron sus papás,
pues hasta el nombre le complementa,
y yo tengo la gran suerte
de cuidar y mimar a esta princesa.

LOCO PASIONAL

Dicen que siempre
hay que escuchar al corazón;
pues no siempre, digo yo.
Si hay una cabeza bien puesta
donde vive la educación,
donde el respeto tiene valor,
hay que escuchar a la razón,
porque ese loco del amor
a veces coge caminos
por donde no debe andar,
mas tanto cuesta convencerlo
que es difícil de dominar,
pero, aunque su tesón incomode,
la cabeza sensata lo puede controlar.

ESTOY AQUÍ

Estoy visible
y no voltean la mirada,
mi corazón a mano
también es ignorado,
solo el interés me demanda,
pero cuando aquí no esté;
si mi voluntad pudiera reinar,
ni mi nombre escrito encontrarían.
Quisiera descansar mis huesos
allí, junto a los de ella,
sin nombre ni fecha que me ubique.
Poned mi corazón pegado al suyo
para toda la eternidad
porque ella sí me quiso de verdad.
Que no me lleguen rosas
que presuman a la muerte
si no me perfumaron la vida,
mas moriré con la duda de
si me buscarán por amor
cuando ya no los mire yo.

LATIENDO BAJO LA LLUVIA

Cuando la lluvia es tristeza,
dónde se resguarda el corazón.
Pidió cobijo a la luna,
también le pidió al sol.
Se ampara junto a la música,
se refugia bajo la amistad,
pero diluvia tristeza a mares
y el pobre órgano debilitado
sin remedio se tiene que mojar.
No llegan aires que sequen,
ya se caló hasta su palpitar,
mas un pálpito de esperanza
le sirve de suave toalla.
Si llueve tristeza hoy,
alegría lloverá mañana.

DESBARAJUSTES

Hay algo en tu interior
con una fuerza brutal
que te arrastra a ese lugar
donde se posó la felicidad,
mas una voz insistente
te raya los sentidos
al toque de peligro
ante el supuesto paraíso.
Mientras el caos bajo la piel
solivianta a la paz mental,
no muta el corazón su proceder,
mas el alma cavila callada
si erró en su excesiva confianza
a un alma aparentemente mágica.

RAP DE RIMAS

Rapeando van
la brisa con el mar,
las letras con el poema,
la luna con las estrellas.
Rapea que rapea
la naturaleza con la tierra,
las nubes con el sol.
Rapeando van al amor
el alma y el corazón.

PRIMAVERA

Hola, primavera bonita,
te saludan jubilosos
los corazones de sangre caliente,
esos que a tu llegada
se les alegra el alma.
Habrá más de un corazón
que ni se inmute a tu presencia,
pero no les eches cuentas,
son corazones de sangre fría
que ni al frío invierno
le dan la bienvenida.

UNA ESTRELLA, UNA MADRE

Noté un beso en la frente,
no era algo natural,
pensé que sería el sueño
al anhelo del corazón,
pero mi piel lo percibió.
Era un beso real
que venía del más allá.
Certera mi alma
vislumbró una luz
posarse sobre mi ser
y en un admirable halo
dejó sobre mi rostro
el más dulce beso de amor.
Abrí los ojos a tal sensación,
sintiendo que era mi estrella,
que se fugó del cielo
para traerme un «te quiero».

Índice